E kakukurei te takaakaro ma tiaki i nanon te kawai

Te korokaraki iroun
Tereao Teingina Ratite
Te korotaamnei iroun Romulo Reyes III

Library For All Ltd.

E boutokaaki karaoan te boki aio i aan ana reitaki ae tamaaroa te Tautaeka ni Kiribati ma te Tautaeka n Aotiteeria rinanon te Bootaki n Reirei. E boboto te reitaki aio i aon katamaaroaan te reirei ibukiia ataein Kiribati ni kabane.

E boreetiaki te boki aio iroun te Library for All rinanon ana mwane ni buoka te Tautaeka n Aotiteeria.

Te Library for All bon te rabwata ae aki karekemwane mai Aotiteeria ao e boboto ana mwakuri i aon kataabangakan te ataibwai bwa e na kona n reke irouia aomata ni kabane. Noora libraryforall.org

E kakukurei te takaakaro ma tiaki i nanon te kawai

E moan boreetiaki 2022
E moan boreetiaki te katootoo aio n 2022

E boreetiaki iroun Library For All Ltd
Meeri: info@libraryforall.org
URL: libraryforall.org

E kariaiakaki te mwakuri aio i aan te Creative Commons Attribution-NonCommercial-No Derivatives 4.0 International License. E kona n nooraki katotoon te kariaia aio i aon http://creativecommons.org/licenses/by-nc-nd/4.0/.

Te korotaamnei iroun Romulo Reyes III

Atuun te boki E kakukurei te takaakaro ma tiaki i nanon te kawai
Aran te tia korokaraki Teingina Ratite, Tereao
ISBN: 978-1-922876-91-1
SKU02370

E kakukurei te takaakaro ma tiaki i nanon te kawai

Maamaten nanon Maate
bon te takaakaro.

E takaakaro i rarikin
te auti.

E takaakaro i rarikin
te mwaneaba.

E takaakaro i rarikin
te mwaakete.

E takaakaro i rarikin
te umwanreirei.

Ma ngke e takaakaro i rarikin te kawai Maate ao e un tibuna nakoina.

"E tabuaki te takaakaro
i rarikin te kawai."
E kabwarabwaraa tibuna.
"Bukin teraa?" e titiraki
Maate.

"A mwaiti baao ni mwamwananga ni buubuti i nanon te kawai. A kona ni karekea te kaangaanga ngkana a buti n aki iango," e taku tibuna.

"I ongo tibuu, N na aki manga takaakaro i nanon ke i rarikin te kawai," e taku Maate. "I aki kan ikoaki iroun te kaa ke te turaki." E reita ana kaeka Maate.

A kukurei tibun ao ana karo Maate irouna.

Ao ngkoe? Ko ongotaeka ke ko aki? Ko kani katootoongai ke ko aki?

Iangoa raoi am tabo n
takaakaro ae ko na
mano iai.

Karaoan aio e na bon
kateimatoaa kukureim
ma am utuu.

Ko kona ni kaboonganai titiraki aikai ni maroorooakina te boki aio ma am utuu, raoraom ao taan reirei.

Teraa ae ko reiakinna man te boki aio?

Kabwarabwaraa te boki aio.
E kaakamanga? E kakamaaku?
E kaunga? E kakaongoraa?

Teraa am namakin i mwiin warekan te boki aio?

Teraa maamaten nanom man te boki aei?

Karina ara burokuraem ni wareware
getlibraryforall.org

Rongorongoia taan ibuobuoki

E mmwammwakuri te Library For All ma taan korokaraki ao taan korotaamnei man aaba aika kakaokoro ibukin kamwaitan karaki aika raraoi ibukiia ataei.

Noora libraryforall.org ibukin rongorongo aika boou i aon ara kataneiai, kainibaaire ibukin karinan karaki ao rongorongo riki tabeua.

Ko kukurei n te boki aei?

Iai ara karaki aika a tia ni baarongaaki aika a kona n rineaki.

Ti mwakuri n ikarekebai ma taan korokaraki, taan kareirei, taan rabakau n te katei, te tautaeka ao ai rabwata aika aki irekereke ma te tautaeka n uarokoa kakukurein te wareware nakoia ataei n taabo ni kabane.

Ko ataia?

E rikirake ara ibuobuoki n te aonnaaba n itera aikai man irakin ana kouru te United Nations ibukin te Sustainable Development.

www.ingramcontent.com/pod-product-compliance
Lightning Source LLC
Chambersburg PA
CBHW042341040426

42448CB00019B/3362